¿Y si una viñeta nos ayudara a recordar
lo que el mundo insiste en ignorar?

LUNWERG
EDITORES

Introducción

Note-olvides de que este librito contiene un mundo de voluntades. Se inspira en el lema que Forges incluyó en sus viñetas a raíz de la crisis humanitaria de Haití en 2010. Desde entonces, lo empleó para no olvidar todas las causas que valen la pena. Desde América Latina, África, Asia y Europa, referentes de la ilustración y el humor gráfico, la comedia, la literatura y la ciencia se han unido a las voces y las miradas de quienes sufren la malaria y las «enfermedades olvidadas*». El libro se pone en marcha por iniciativa del Instituto de Salud Global de Barcelona (ISGlobal) y con la colaboración de la familia de Forges.

Gracias por adquirir este libro y, por favor, *note-olvides* de compartirlo

* La clasificación de la OMS de las Enfermedades Tropicales Desatendidas (u olvidadas) (ETD) incluye la úlcera de Buruli, la enfermedad de Chagas, el dengue y el chikungunya, la dracunculosis, la equinococosis, la trematodiasis de transmisión alimentaria, la enfermedad del sueño, la leishmaniasis, la lepra, la filariasis linfática, el micetoma, la cromoblastomicosis y otras micosis profundas, la noma, la oncocercosis, la rabia, la sarna y otras ectoparasitosis, la esquistosomiasis, las helmintiasis transmitidas por el suelo, el envenenamiento por mordedura de serpiente, la teniasis/cisticercosis, el tracoma y el pian.

Un pequeño clamor de nosotros, los artistas

Leonardo Padura
Escritor y periodista

Desde hace años, cada 3 de diciembre, se celebra en Cuba y otros países de nuestro continente el Día de la Medicina Latinoamericana. La fecha se escogió porque ese día, pero del año 1833, nació Carlos Juan Finlay en la ciudad de Puerto Príncipe, hoy Camagüey, en lo que por esa época todavía era el territorio español de la isla de Cuba. Este hombre, hoy poco recordado en otras partes del mundo, fue el médico y biólogo que haría una de las aportaciones científicas más importantes de la medicina moderna: descubrió y fundamentó la importancia del vector biológico a través de la llamada teoría metaxénica de la transmisión de enfermedades por agentes biológicos, aplicándola a la transmisión de una enfermedad que entonces era una verdadera plaga tropical, la fiebre amarilla.

Finlay determinó que la hembra fecundada del mosquito *Aedes aegypti* era el vector transmisor de esa enfermedad, como lo es de otras epidemias tropicales, por ejemplo, el dengue, el zika y el chikungunya, que hoy se esparcen con bastante impunidad por nuestras tierras calientes.

Fue gracias a ese valioso aporte del investigador cubano que, por ejemplo, se pudo avanzar y hasta terminar las obras del canal de Panamá, construido en plena selva tropical y donde murieron miles de hombres y mujeres asolados por la epidemia de la fiebre amarilla. En las instalaciones de esa importante ruta interocéanica, por la que se mueve entre el 3 y el 6 % del comercio mundial, existe una placa que reconoce el salvador descubrimiento del científico cubano, que también tiene un busto erigido en la Facultad de Medicina de la Universidad de Panamá.

Para realizar sus trabajos de investigación, el cubano Finlay no tuvo detrás de él, apoyándolo, un instituto de investigaciones ni un equipo de especialistas, ni un gran apoyo institucional. Apenas contó con algunos colaboradores, pero sí contó, sobre todo, con su talento, perseverancia y capacidad de observación y análisis de la realidad. Por la trascendencia de su descubrimiento,

NO TODO LO QUE ESTÁ A OSCURAS, ESTÁ APAGADO
MALARIA
CHAGAS
HELMINTIASIS
...
Alba Blasco

Finlay recibió varios reconocimientos, como la Orden de la Legión de Honor francesa en 1908, y en su memoria la Unesco establecería con su nombre un premio de microbiología. Se sabe que Finlay fue nominado siete veces para el Premio Nobel de Medicina, que nunca le fue otorgado.

Apenas dos décadas después de la muerte de Finlay, el científico sudafricano radicado en Estados Unidos Max Theiler, con el generoso apoyo del Instituto Rockefeller de Nueva York, logró desarrollar la vacuna que previene contra la infección de la fiebre amarilla. Por su trabajo, Theiler fue abundante y universalmente gratificado: en 1951 recibió el Premio Nobel de Fisiología o Medicina, y antes había sido condecorado con la Medalla Chalmers de la Royal Society of Tropical Medicine and Hygiene (1939) y el Premio Lasker de la Asociación Estadounidense de Salud Pública (1949). Un sólido apoyo institucional estuvo detrás del trascendente aporte sanitario concretado por Theiler.

Y la cuestión sigue estando hoy entre Finlay y Theiler: ¿basta el genio de un individuo o son necesarios los soportes oficiales o institucionales para que el genio se proyecte? Y le sigue la cuestión más importante y dolorosa: ¿cuánto soporte oficial

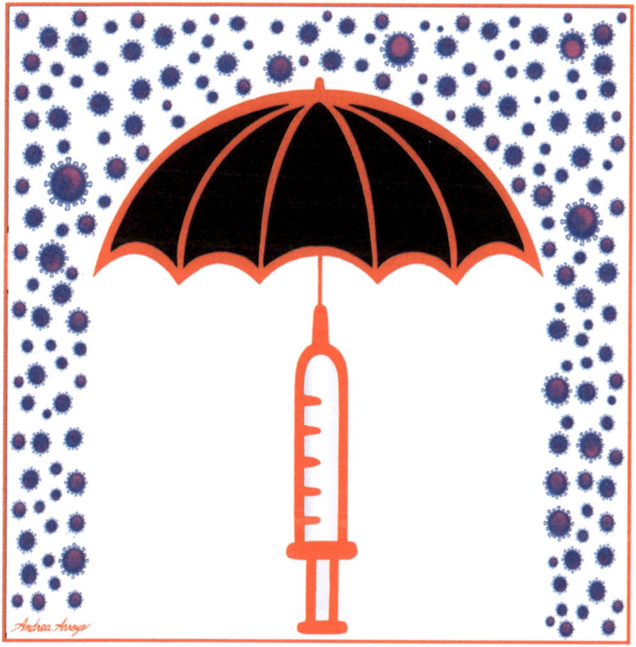
Andrea Arroyo

o institucional tienen hoy algunos de los científicos que buscan el antídoto a determinadas enfermedades, como la malaria y las enfermedades olvidadas que, como plagas medievales, todavía asolan sobre todo las partes más pobres del planeta? Y, por esa ruta, me llega entonces esta cuestión: ¿qué podemos hacer algunos de nosotros, artistas, para alertar a las instancias oficiales e institucionales para que se apoyen con más recursos los estudios de esas dolencias a veces postergadas, pero que siegan vidas?

Este es un pequeño aporte. Pero, no por pequeño es menos importante. Porque estoy seguro de que algunas conciencias se pondrán alerta por este clamor que solo pretende que este mundo nuestro sea un lugar mejor donde vivir y con menos temor a morir.

Mantilla, octubre de 2025

PRESCRIPCIÓN (Consignar el principio activo o ... forma farmacéutica,
vía de administración, dosis por unidad y unidades por envase)
Posología
ART MOLERO

Las enfermedades olvidadas afectan a más de 1.600 millones de personas en todo el mundo, la mitad de ellas niños y niñas, principalmente en comunidades pobres de regiones tropicales.

Algunas de ellas desfiguran, estigmatizan y puede ser mortales, aunque muchas son tratables y prevenibles.

La malaria ha causado seis millones de muertes en la última década.

El desarrollo de terapias es costoso y poco atractivo para las grandes farmacéuticas, ya que estas enfermedades afectan sobre todo a personas que no pueden pagar.

FALCO

El papel de recordar

El Post-it® se ha convertido en un objeto cotidiano cuya presencia en nuestras vidas resulta tan natural que a veces olvidamos su origen y su verdadero potencial. Este pequeño cuadrado de papel adhesivo, aparentemente sencillo, es en realidad un aliado que acompaña nuestros procesos de pensamiento, impulsa la creatividad y nos ayuda a mantener presentes ideas y valores esenciales. En muchos sentidos, el Post-it® es también un ejemplo concreto de cómo la investigación científica aplicada puede transformar profundamente la vida diaria de millones de personas en todo el mundo.

Su creación es, de hecho, fruto directo de ese espíritu científico. El Post-it® nació gracias a la colaboración entre Spencer Silver, quien investigaba nuevos adhesivos y desarrolló una fórmula peculiar con una adherencia suave y reposicionable, y Art Fry, que supo reconocer su potencial práctico al buscar una solución

HOY
ES EL
DÍA!
DURÓ

para marcar páginas sin dañar el papel. Este encuentro entre creatividad, curiosidad y conocimiento técnico dio lugar a un producto que hoy es un icono global. La historia del Post-it® demuestra cómo la ciencia y la colaboración pueden generar avances que, aunque modestos en apariencia, tienen un impacto duradero en la vida cotidiana.

En su uso más común, el Post-it® funciona como recordatorio. En un mundo saturado de información, la capacidad de destacar lo esencial se vuelve indispensable. Un Post-it® en la pantalla del ordenador o en una libreta ofrece una señal visual clara que invita a atender lo verdaderamente importante, como las enfermedades olvidadas que afectan a más de mil millones de personas en el mundo (la mayoría de ellas pobres). El gesto —en apariencia simple— de escribir o dibujar sobre una etiqueta adhesiva puede ayudar a evitar que compromisos relevantes, como la investigación de estas enfermedades, pasen desapercibidos.

Al mismo tiempo, el Post-it® es un catalizador natural de creatividad. En sesiones de trabajo colaborativo, talleres de innovación o actividades de resolución de problemas, estos papeles adhesivos permiten exteriorizar ideas de forma rápida y flexible. Cada nota contiene una posibilidad: un concepto emergente,

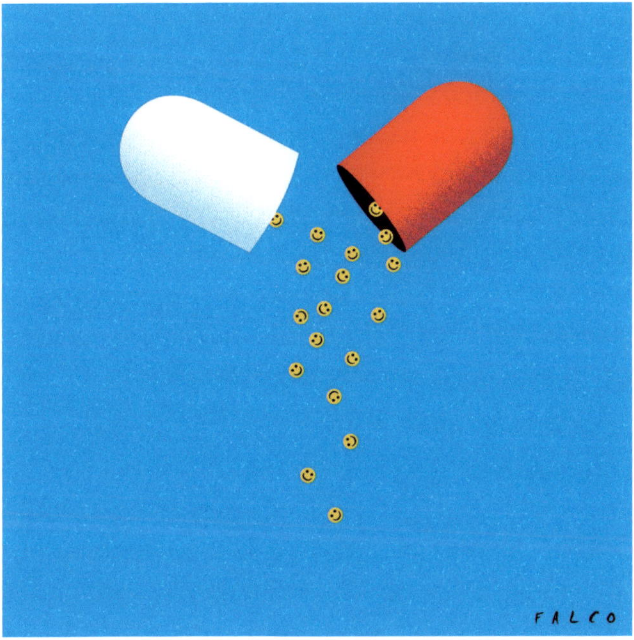
FALCO

una intuición o el principio de una solución. La facilidad para reorganizar y combinar ideas crea un entorno propicio para la experimentación y la construcción colectiva de conocimiento.

Convertir un objeto tan común, resultado de la ciencia y la colaboración, en un soporte de expresión artística al servicio de algunos de los mejores humoristas gráficos de España y Latinoamérica nos invita a valorar más profundamente la importancia de la investigación para mejoran el bienestar social. El Post-it®, nacido de la curiosidad científica y del trabajo conjunto entre Silver y Fry, simboliza esta relación entre conocimiento y progreso. Nos recuerda que incluso las innovaciones más modestas pueden transformar la forma en que trabajamos, pensamos y nos organizamos.

En definitiva, el Post-it® es mucho más que un simple papel adhesivo. Es una herramienta que nos ayuda a estructurar ideas, nos acompaña en la construcción de soluciones creativas y mantiene visibles valores esenciales. Pero, sobre todo, es un recordatorio tangible del poder de la ciencia y la colaboración para generar avances que ayuden a mejorar la vida de las personas.

3M Science. Applied to Life.™

Ciencia con corazón: una voz para los olvidados

Maria Elena Bottazzi, PhD

Codirectora del Centro de Desarrollo de Vacunas del Hospital Infantil de Texas; vicedecana de la Escuela Nacional de Medicina Tropical del Baylor College of Medicine

Hola, soy Maria Elena Bottazzi, microbióloga y vacunóloga, con raíces mediterráneas y latinoamericanas. Trabajo desde Estados Unidos en algo que parece muy serio (¡y lo es!): la investigación y el desarrollo de vacunas para combatir las enfermedades de la pobreza. Pero no te preocupes, no todo es bata blanca y microscopios. También hay pasión, esperanza... y sí, ¡hasta humor!

Desde pequeña supe que quería ayudar. No a los que ya tienen todo, sino a los que el mundo suele olvidar. Esas personas que viven en comunidades donde las enfermedades tropicales no son raras, sino parte del día a día. Donde una vacuna puede significar la diferencia entre vivir con discapacidades físicas e intelectuales o convertirse en un ser productivo y lleno de salud.

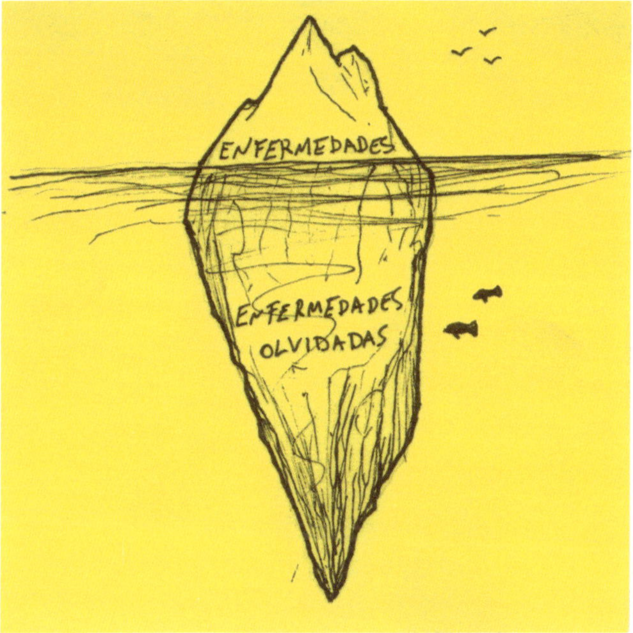
ENFERMEDADES
ENFERMEDADES
OLVIDADAS

Trabajo en salud global. ¿Qué significa eso? Que mi laboratorio no tiene fronteras. Que desarrollamos vacunas y tratamientos pensando en quienes no pueden pagar precios absurdos. Que creemos que la ciencia debe ser generosa, no exclusiva.

¿Y qué tiene que ver el humor con todo esto? Mucho. Porque cuando uno trabaja con enfermedades olvidadas, necesita recordar que detrás de cada persona afectada hay una historia, una familia, una sonrisa que merece volver. El humor nos ayuda a resistir, a conectar, a explicar lo complejo sin perder la humanidad.

Imagínate una caricatura donde un parásito tropical se queja porque nadie lo toma en serio. O una vacuna que se presenta como «la heroína sin capa» en una comunidad rural. Eso es lo que este librito busca: contar verdades científicas con un guiño, con empatía, con color.

Como mujer latina en ciencia, sé lo que es abrir camino. Pero también sé que no estoy sola. Hay miles de personas que creen, como yo, que la salud no debe depender del lugar donde naciste. Que la ciencia puede ser divertida, pero a su vez profundamente justa.

ELENA OSPINA

Así que gracias por abrir este libro. Por interesarte en los olvidados. Por reírte un poco mientras aprendes mucho. Porque si logramos que una persona más entienda, se preocupe, se involucre... entonces estamos un paso más cerca de un mundo donde nadie sea invisible.

A todos, al nacer, nos otorgan una doble ciudadanía,
la del reino de los sanos y la del reino de los enfermos.
Y aunque preferimos usar el pasaporte bueno,
tarde o temprano cada uno de nosotros se ve obligado
a identificarse, al menos por un tiempo, como ciudadano
de aquel otro lugar.

Susan Sontag, *La enfermedad y sus metáforas*

faro

Note-olvides de Forges

Tomás Gallego Izquierdo
Director académico. Instituto Quevedo de las Artes del Humor (IQh)

Resumir en unas pocas líneas el perfil humano, la trayectoria profesional y la labor humanitaria de Forges me permite destacar solo algunos aspectos de su quehacer profesional, que ha ido unido a su quehacer vital.

Forges cuenta cómo llegó a ser humorista gráfico, hace muchos años, en su «vida anchísima», como él la define. Planteó a su padre su decisión de ser dibujante de chistes «en serio». Su padre le respondió que hiciera lo que quisiera, «pero lo único que te pido es que seas original», le dijo. Forges preguntó que qué era eso de ser original y su padre le contestó: «Que se reconozca un dibujo tuyo a quince metros». Así nace un estilo propio y único en el diseño y en el contenido de unas viñetas para siempre identificables y reconocidas como de Forges.

¡HELP!
© PERIDIS

En tiempos difíciles, en los que hacer un dibujo con intención humorística o crítica, ya fuera en broma o en serio, y firmar con tu apellido te podía meter en un apuro, hubo que tomar una decisión importante: la de cómo denominarse públicamente, y en un cónclave familiar se decidió que se llamaría «Forges».

Su obra es un manual de sociología a través de sus personajes, como el Blasillo, el matrimonio de Mariano y Concha, sepultados en una cama inmensa, las ancianas que conjugan informática con rusticidad, sus inconfundibles náufragos en islitas pequeñísimas con palmera y todo, los funcionarios...

Es obligatorio y revelador de su personalidad creadora inagotable, fértil y prolífica, aludir a los rasgos de la naturaleza de Forges que a mí más me han impresionado, y que quiero hoy compartir con todos ustedes. Antonio era ese ser humano que uno siempre encuentra cuando necesita ayuda. Igual creaba una viñeta para un periódico estudiantil, que plantaba su firma para recaudar fondos para todas esas ONG de las cosas más difíciles y raras de conseguir, que prestaba su apoyo a asociaciones de vecinos a los que les cerraban una biblioteca municipal, o a los que conmemoraban las pérdidas de los que lucharon por la libertad.

SALUD
¡EEEEH!

Antonio se ponía del lado de los débiles, de los perdedores, de los sin voz; agarraba el rotulador cual megáfono y lanzaba viñetas que empapelan aquellas paredes donde, a modo de pintada, los españoles con él, hacemos ejercicios de libertad.

En su etapa de director técnico del Instituto Quevedo del Humor (centro de estudios, difusión e investigación del humor que fundé junto a él), demostró destacadas cualidades para buscar consensos como mediador. Forges se centró siempre en las personas y también en sus circunstancias, por eso sus viñetas rezuman humanismo, chistes «en serio», porque no se olvida de los grandes problemas. Cada día, a través de sus dibujos, miles de seguidores sentimos su aliento por Haití con su emblemática viñeta «no te olvides de Haití», o por los refugiados.

Para finalizar estas líneas, no querría olvidarme de sus cualidades propias de un hombre de ciencia, con mentalidad analítica y rigurosa, con una capacidad extraordinaria para la creación y al mismo tiempo una enorme formación humanística, un gran conocimiento de las artes en general y un interés infinito de estar en la vanguardia cultural en su campo y también en el de otros.

NO TE OLVIDES
TRATAMIENTO PARA ENFERMEDAD OLVIDADA
FINANCIACIÓN NECESARIA
DE FRUTOS

Valter Muendane: «He sobrevivido»

Testimonio de un supervivente de noma

Es «la olvidada de las olvidadas». Hasta diciembre de 2023, ni siquiera figuraba en la lista de enfermedades tropicales desatendidas de la Organización Mundial de la Salud. Las causas del noma son poco conocidas, aunque se cree que podría deberse a un desequilibrio en las bacterias bucales. Lo que sí se conoce bien es lo que lo favorece: la pobreza extrema, la malnutrición, la higiene bucal deficiente y un sistema inmunitario debilitado. Son todos ellos factores prevenibles, además de que la enfermedad puede tratarse en las primeras fases con antibióticos. Por ello resulta desgarrador saber que el noma mata al 90 % de las personas a las que afecta, en su mayoría niños y niñas, simplemente por no recibir un diagnóstico a tiempo. Quienes logran sobrevivir, lo hacen con

LOS QUE OLVIDAN ENFERMEDADES ES PORQUE NO LAS PADECEN
DE FRUTOS

el rostro desfigurado y con secuelas físicas y psicológicas de por vida.

Valter Muendane, mozambiqueño de 23 años, fue uno de esos niños que sobrevivió al noma. Y nos lo cuenta en primera persona:

—¿Qué es el noma?
—Es una enfermedad que empieza como una gingivitis y evoluciona a una gangrena que destruye la piel de la cara, los huesos y los tejidos.

—¿Cómo la viviste tú?
—Todo empezó con un leve dolor de cabeza y en la cara. Yo tenía nueve o diez años. Mi madre me llevó a un pequeño hospital de Maputo, donde me dieron un medicamento. Al día siguiente, ya en casa, empeoré. Se me empezó a hinchar la cara y llegó un momento en el que tuve problemas para respirar: se me había puesto negra la parte que va del labio a la nariz y alrededor de esta. Mi madre me llevó a un hospital más grande y allí me extirparon esas partes gangrenadas.

SIEMPRE ME ACUERDO,
HASTA
DE MI.
GRETTA CON GANAS

—¿Sabían en ese momento que aquello era noma?

—No. Me encontraron desnutrido y empezaron a tratarme la desnutrición. Pude volver a casa, pero tenía que de curarme todos los días en un pequeño hospital cerca de mi casa. Tenía una abertura en la nariz y otra entre la nariz y el labio, tan grandes que se podía ver el interior de la boca. Tuve que llevar las gasas durante tres o cuatro años.

—¿Cómo cambió tu día a día?

—Antes de la enfermedad era un niño que saltaba y jugaba al fútbol con otros niños. Después del noma, no conseguía salir de casa. Mi familia me animaba a salir, pero no era capaz de hacerlo, si salía me miraban y se burlaban de mí. Hubo un momento en el que volví a la escuela, pero sin relacionarme con nadie; tan pronto como se acababan las clases, regresaba directo a casa y ya no salía. La enfermedad me cambió por completo.

—¿La cirugía plástica te devolvió tu carácter y tus ilusiones?

—Sí. Eso llegó al cabo de cuatro años. Los médicos del hospital dijeron que no podían reconstruirme la nariz. Una asociación hizo una recaudación de fondos para que me pudiera operar en Etiopía. Gracias a ellos puede hacerlo.

DICEN QUE LA DISTANCIA ES EL OLVIDO..
SÍ, EL TERCER MUNDO QUEDA MUY LEJOS
LEPRA
DENGUE
MALARIA
LEISHMANIOSIS
CHAGAS,
ETC
idígoras y Pachi

—¿Cómo fue verte en el espejo tras la primera operación?

—Fui acostumbrándome a mi nuevo rostro. A partir de ahí empecé a salir de casa, conversar con otras personas, ¡soñar! He sobrevivido a una enfermedad que suele matar a las personas en poco tiempo.

—¿Con qué sueñas ahora?

—Yo siempre soñé con ser enfermero, para poder ayudar a otras personas, y hoy puedo decir que lo he conseguido. También pude casarme y ahora tengo una esposa y un hijo de tres meses. Mi mayor objetivo es ayudar a mi hijo. No quiero que esté desnutrido y que pueda ocurrirle lo mismo que a mí. Quiero proporcionarle una vida mejor que la que tuve yo.

Investigar es ver lo que todo el mundo ha visto
y pensar lo que nadie ha pensado.

Albert Szent Györgyi
(Premio Nobel de Fisiología o Medicina)

ELENA OSPINA

Note-olvides

Quique Bassat
Pediatra e investigador.
Director general del Instituto de Salud Global de Barcelona (ISGlobal)

Siempre he sentido una especial vocación por África. De hecho, decidí estudiar medicina porque quería trabajar allí, y pensé que ese era el camino más recto (aunque quizá no el más corto). En 1998, durante mis vacaciones entre quinto y sexto de carrera, tuve la enorme fortuna de pasar dos meses en Manhiça, un pueblecito del sur de Mozambique. Como patoso estudiante de medicina y sin ninguna experiencia práctica con pacientes —y menos aún con niños enfermos—, me convertí en la sombra de una técnica de medicina: la fabulosa y siempre energética Madalena Ripinga. Con ella aprendí en dos meses más que con todos mis profesores de la carrera juntos. A su lado atendí mi primer parto, una experiencia que terminó de convencerme de que debía dedicarme a la pediatría.

¿Nosotros somos virus que atacan a los humanos o a las computadoras?
feggo

Esa primera estancia en Manhiça fue absolutamente reveladora y me convenció de que era allí donde quería vivir y trabajar. Y así fue: al acabar la especialidad de pediatría (mis mentores de entonces siempre me insistieron, ¡y cuánta razón tenían!, de que debía formarme bien antes de irme a vivir a Mozambique), me mudé a Manhiça y empecé a trabajar como pediatra e investigador júnior. Fueron unos primeros años intensos, en los que la asistencia clínica en el centro de salud (que aún no era hospital distrital, aunque recibía un volumen de pacientes que nunca había visto antes) absorbía casi todo nuestro tiempo, dejando poco margen para la investigación. Poco a poco, sin embargo, entendí que esa exposición a la clínica y al paciente pediátrico grave iba a ser fundamental para construir los cimientos de una carrera como investigador clínico, con un interés especial en la ciencia aplicada, capaz de aportar soluciones a los problemas del día a día de la salud en entornos de pobreza.

Y como es imposible ser al mismo tiempo un buen investigador y un clínico preocupado por sus pacientes, acabé escogiendo un camino que priorizaba mi faceta como investigador. Han

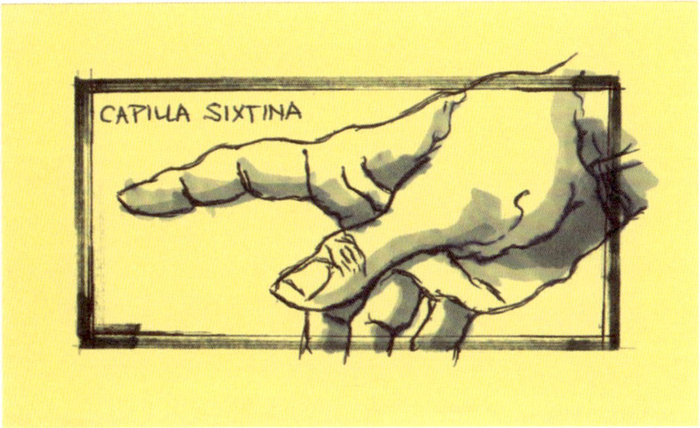
CAPILLA SIXTINA

REY
HOMENAJE A MARGARITA SALAS

sido unos años maravillosos, llenos de desafíos intelectuales, diseñando estudios que buscaban responder a las grandes preguntas que siguen siendo cruciales hoy: ¿por qué enferman y de qué mueren los niños? ¿Por qué algunas enfermedades que en Occidente olvidamos hace tiempo siguen siendo un problema de salud pública en lugares como Manhiça? Y, sobre todo, ¿qué podemos hacer para mejorar sus posibilidades de sobrevivir y de llevar una vida digna y saludable?

Echando la vista atrás, siento un gran orgullo de haber escogido este camino profesional y me considero muy afortunado de haber aprendido, durante tantos años y siempre acompañado de gigantes, desde el epicentro mismo de la salud global.

NO
te olvides
de las
ENFERMEDADES
OLVIDADAS
JUNCO

No estalla como las bombas ni suena como los tiros. Como el hambre, mata callando. Como el hambre, mata a los callados: los que viven condenados al silencio y mueren condenados al olvido. Tragedia que no suena, enfermos que no pagan, enfermedad que no vende...

El mal de Chagas no es negocio que atraiga a la industria farmacéutica, ni es tema que interese a los políticos ni a los periodistas. Elige a sus víctimas en el pobrerío. Las muerde y lentamente, poquito a poco, va acabando con ellas. Sus víctimas no tienen derechos, ni dinero para comprar los derechos que no tienen. Ni siquiera tienen el derecho de saber de qué mueren...

Eduardo Galeano, *Chagas, una tragedia silenciosa*

HIPÓCRATES
ENFERMEDADES
OLVIDADAS
Kemchs.

La palabra escondida

Francisco Javier Sancho Más
Periodista y filólogo

La palabra «chagas» fue primero una noche y un niño. Una noche de 2005, en Managua, Nicaragua. Un niño de nueve años en los brazos de su madre.

Su madre lo acuesta en un féretro y coloca junto a sus costados, uno a uno, los juguetes que conservaba desde pequeño: muñecos de peluche, una pelotita de béisbol y algo que no logro identificar. Enseres de su historia, compañías para el tránsito, con los que también se enterraban los hijos del faraón. Su madre es médica y es amiga. Su hijo había entrado a quirófano de urgencias por una apendicitis, pero el corazón no resistió. Dijeron que tenía una patología previa que no habían detectado. Otro médico dijo: «Es posible que tuviera Chagas». El 30 % de las personas que contraen esta enfermedad puede desarrollar problemas cardíacos severos,

NO TE OLVIDES
NO DEJA DE DOLER
POR SER INVISIBLE
ladydesidia

entre otras patologías. En ocasiones, puede causar una muerte súbita. El niño solía ir los fines de semana a una pequeña finca familiar de una zona endémica, habitada por las chinches, el vector (triatomino) que transmite el parásito.

Desde esa noche, me repito que no he visto dolor más sordo, más invisible que el de una madre acostando los juguetes junto al cuerpo de su niño. Y lo revivo en cada imagen de una guerra, de un desastre natural o de otro tipo.

Desde que el doctor brasileño que le dio nombre lo descubrió hace más de cien años, el mal de Chagas se describe en dos palabras que pesan como dos losas: invisible y silencioso. Porque sus síntomas muchas veces pasan desapercibidos hasta que ya es demasiado tarde. Una enfermedad traicionera. Y algo extraña. Mucha otra gente vive con la infección y no se ve afectada.
Es como si eligiera a sus víctimas por un azar desconocido. El insecto, que habita zonas rurales y urbanas de veintiún países de América Latina y el sur de Estados Unidos, suele picar de noche; defeca sobre la picadura introduciendo en el cuerpo la infección, y aún más si la persona se rasca sin querer. Otras veces infecta

RECORTES EN AYUDA AL DESARROLLO
EN ESTO DE LAS ENFERMEDADES OLVIDADAS... HAY MUCHA AMNESIA INSTITUCIONAL
malagón.

alimentos y bebidas que se consumen, como ocurre en algunas zonas amazónicas.

En Europa hay decenas de miles de personas viviendo con Chagas, con España a la cabeza, por los movimientos migratorios de ida y vuelta. Pero, además de la transmisión por el insecto, se puede contraer de forma congénita, a través de accidentes de laboratorio, por transfusiones de sangre o trasplantes de órganos que no hayan sido cribados. Por suerte, hay tratamientos y diagnósticos. No son perfectos, pero funcionan, sobre todo en edades tempranas y cuando se detecta a tiempo la infección. Sin embargo, la mayoría no los reciben.

Cuando empecé a trabajar en Médicos Sin Fronteras (MSF), supe más de esta enfermedad que es la metáfora del olvido y la soledad en América Latina. Y más tarde, para mí, el Chagas fue una mujer. Otra mujer y madre.

La conocí en México, hace siete años. Se llama Elvira. A su hija, la única de tres hermanos, la diagnosticaron de Chagas a los dieciocho años, justo cuando estaba pensando qué quería estudiar. Los médicos que la atendieron no tenían mucho

RECORTAR POR LA LÍNEA
DE PUNTOS
DERECHO A
LA SALUD
malagón.

conocimiento sobre la enfermedad y le dijeron que no hiciera planes de futuro. La joven no se arredró y confió en su madre. Así que Elvira movió cielo y tierra; buscó en internet hasta lograr ponerse en contacto con un médico argentino que la guio en el proceso. «Esta chamaca no se me va a morir de Chagas», se prometió Elvira. Hoy, Yaya, su hija, es abogada y está en su treintena, sana y sin la infección después de completar su tratamiento.

No soy médico ni científico, sino un infiltrado en la salud global que viene de la comunicación y la filología, del mundo de las palabras. Pero he trabajado en tratar de traducir las complicadas palabras de la ciencia a un lenguaje más cercano. Es como buscar palabras escondidas. Para eso he colaborado con la Coalición Global de Chagas, junto a ISGlobal. Y por eso, para mí, ahora el Chagas también significa «la segunda oportunidad». Después de más de cien años en que pacientes, investigadores y clínicos han luchado contra la enfermedad, sabemos que se puede eliminar como problema de salud pública. Y eso nos permite soñar en la magia del trabajo científico. Una hipótesis no deja de ser la formulación de una esperanza.

LA BUENA NOTÍCIA
ES QUE A PESAR DE TENER
UNA ENFERMEDAD OLVIDADA
TE HE ENCONTRADO

© Napi

García Márquez, en su discurso del Premio Nobel de Literatura, reclamó el derecho a creer «que todavía no es demasiado tarde para emprender la creación de una nueva utopía de la vida, donde nadie pueda decidir por otros hasta la forma de morir, y donde las estirpes condenadas a cien años de soledad tengan por fin y para siempre una segunda oportunidad sobre la tierra».

Yo creo en esas palabras. Y cuando descreo, me las vuelvo a leer para recordar la esperanza que guardan sin que las atrape el silencio ni el olvido.

No estamos seguros de que las palabras salven vidas, pero lo que sí sabemos es que el silencio mata.

James Orbinski
(Expresidente de Médicos Sin Fronteras al recibir el Premio Nobel de la Paz en 1999)

CIENTÍFICOS ANUNCIANDO EL DESCUBRIMIENTO DE UNA ENFERMEDAD DE POCO "INTERÉS"
N.

A mi maestro Forges

Adriana Mosquera (Nani)
Caricaturista colombiana y española

«No te olvides...». Es una frase que ha calado muy profundo en mi carrera, especialmente porque Forges nunca se olvidó de mi trabajo.

Ahora que esa frase retumba en mi puerta, no puedo más que intentar hacer lo mismo con otros colegas. He pensado en los más solidarios; no todos pudieron por múltiples razones, pero con los que abrieron su corazón, aquí estamos para ayudar allí donde un dibujo aporte algo.

No me olvidaré jamás del maestro Forges y su legado, no dejaré de ser santa Adriana de la nanificación, como un día me bautizó. Va por ti y por la investigación que tanta falta nos hace.

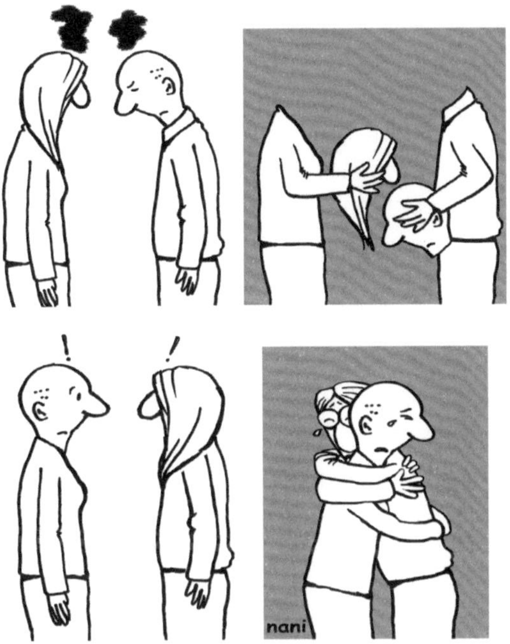

nani

Nuestros conciudadanos, a este respecto, eran como todo el mundo; pensaban en ellos mismos; dicho de otro modo, eran humanidad: no creían en las plagas. La plaga no está hecha a la medida del hombre, por lo tanto, el hombre se dice que la plaga es irreal, es un mal sueño que tiene que pasar. Pero no siempre pasa, y de mal sueño en mal sueño son los hombres los que pasan [...] ¿Cómo hubieran podido pensar en la peste, que suprime el porvenir, los desplazamientos y las discusiones? Se creían libres y nadie será libre mientras haya plagas.

Albert Camus, *La peste*

COMO SABRÉIS, EL ACCESO A LA SALUD ES UN DERECHO UNIVERSAL RECONOCIDO POR LA COMUNIDAD INTERNACIONAL.
@OCCIMORONS

AHORA ENTIENDO POR QUÉ AL DENGUE O A LA LEPRA SE LES LLAMAN LAS ENFERMEDADES OLVIDADAS... PARECE QUE A LA COMUNIDAD INTERNACIONAL NO LES SALE RENTABLE RECORDARLAS.
@OCCIMORONS

«La salud global no es caridad, sino una inversión en nuestra seguridad compartida»

La doctora **Sania Nishtar**, directora ejecutiva de GAVI (la alianza global para las vacunas), nos comparte lo que significa el triunfo de contar con una vacuna contra la malaria y el reto de hacer que llegue a los niños y niñas que la necesitan.

—La vacuna contra la malaria es uno de los avances más significativos para la humanidad. Ayúdenos a comprender la magnitud de este logro, fruto de una ardua y colaborativa labor global.

—La malaria es uno de los enemigos más antiguos de la humanidad; existen evidencias de que ha causado enfermedad y muerte durante miles de años. Y hoy se sigue cobrando un terrible precio. En 2023 se registraron más de 260 millones

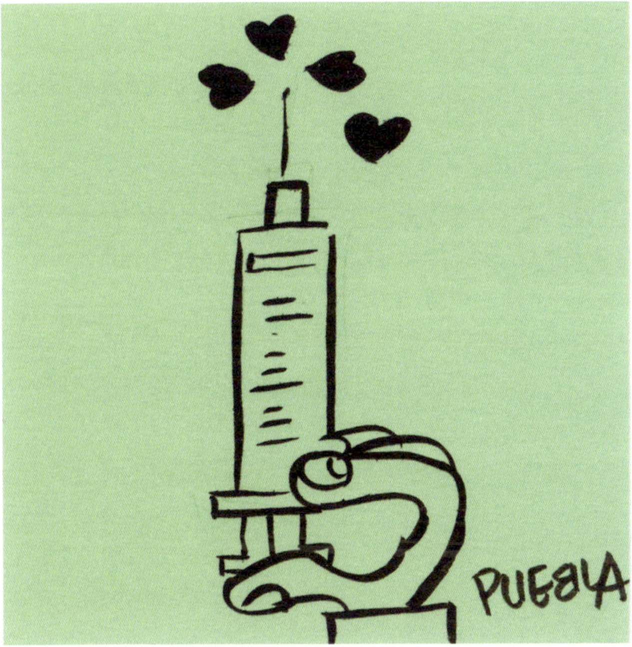
PUEBLA

de casos y casi 600.000 muertes por malaria, con la inmensa mayoría de casos y fallecimientos concentrados en niños de África. Desarrollar una vacuna contra el parásito de la malaria ha sido un camino largo y arduo. Se ha tardado más de treinta años en «descifrar el código», y ha requerido una coalición internacional de investigadores, fabricantes, financiadores, participantes en ensayos y comunidades. Pero finalmente contamos con una vacuna segura y eficaz.

Gavi está apoyando a los países en su despliegue. Desde enero de 2024 (cuando Camerún se convirtió en el primer país en introducir la vacuna contra la malaria en su programa rutinario de inmunización), Gavi ha respaldado a 23 países africanos en su implementación. Este es uno de los mayores despliegues de una vacuna en la historia.

La vacuna contra la malaria representa un triunfo de la ciencia, la creatividad y la determinación. Más aún, demuestra que, mediante la cooperación, podemos derrotar incluso a las enfermedades más persistentes. Ahora, nuestro desafío es garantizar que cada niño en riesgo de contraer malaria tenga acceso a esta protección vital.

SOY EL NUEVO PRESIDENTE DE GRANPHARMA, S.L.... ¡QUIERO QUE SE INVESTIGUE UNA MISTERIOSA ENFERMEDAD SÚPER RARA!
¿EN SERIO?
SÍ, LOS SÍNTOMAS SON: PREOCUPARSE POR ENFERMEDADES QUE NO DAN DINERO!
ALCÁZAR

—Ante la disminución o, incluso, la falta total de recursos para la investigación, ¿qué papel cree que puede desempeñar la sociedad civil en distintos países para contrarrestar la falta de apoyo de algunos gobiernos y organismos financiadores?
—La atención global (y la financiación) destinada a la salud se encuentra bajo presión, justo en un momento en que los riesgos sanitarios aumentan. La sociedad civil puede actuar como un poderoso defensor para proteger la salud pública mundial y evitar retrocesos frente a prioridades competidoras. Su papel es fundamental para dar voz a las comunidades más vulnerables y marginadas, aquellas que sufrirán las consecuencias de los recortes en los programas de salud global.

Al servir de puente entre la población y los responsables de formular políticas, y al ayudar a visibilizar inequidades y celebrar los logros, las organizaciones de la sociedad civil pueden desempeñar un rol crucial para situar la salud en un lugar más alto de la agenda política y exigir a los líderes que cumplan sus compromisos.

Las organizaciones de la sociedad civil son también aliadas clave de Gavi en el «último kilómetro» de la entrega de vacunas, especialmente en zonas de difícil acceso, donde las comunidades suelen tener un acceso limitado a los sistemas nacionales de salud.

—Desde su experiencia, ¿por qué merece la pena seguir buscando formas creativas de comunicar al público la importancia de invertir en salud, especialmente en países distintos al propio?

—Cada epidemia y pandemia nos deja la misma lección: las enfermedades infecciosas no se detienen en las fronteras. Esto significa que cualquier esfuerzo para transmitir el mensaje de que la financiación de la salud global no es caridad, sino una inversión en nuestra seguridad compartida, merece la pena. Fortalecer los sistemas de salud más vulnerables contribuye, en última instancia, a la resiliencia global. Proteger a los niños más vulnerables frente a enfermedades prevenibles por vacunación ayuda a proteger a todos los niños.

MORo

En un momento en que la población de muchos países de ingresos altos enfrenta una crisis del coste de vida, y los presupuestos destinados al exterior están bajo creciente presión, debemos ser creativos a la hora de convencer a las personas de que invertir en equidad sanitaria no solo es lo correcto, sino también una decisión inteligente.

No preguntes qué enfermedad tiene la persona, sino qué persona tiene la enfermedad.

William Osler (Considerado uno de los padres de la medicina moderna)

La ciencia es bella y es por esa belleza que debemos trabajar en ella.

Marie Curie (Premio Nobel de Física y de Química)

1.600 MILL. DE PERSONAS NECESITAN QUE SE ACUERDEN DE SU ENFERMEDAD
DE FRUTOS

Los enemigos ocultos

Hernando A. del Portillo, PhD
Programa Malaria y enfermedades parasitarias desatendidas de ISGlobal

Nací en Bogotá, ciudad colombiana ubicada a 2.600 metros sobre el nivel del mar, cuyo clima frío impide la transmisión de enfermedades como la malaria. Paradójicamente, fue allí donde nació mi interés por los males que aquejan a las regiones más apartadas del planeta.

Mi primer acercamiento a las llamadas enfermedades olvidadas ocurrió durante un viaje a Iquiacarora, en la selva del Catatumbo, una zona de difícil acceso. Allí, acompañado por la comunidad indígena barí, realicé mis primeras investigaciones sobre la diversidad genética de los monos nocturnos. En esas caminatas por la selva, fui testigo directo de los primeros ataques de fiebre y escalofríos causados por la malaria, el aislamiento forzoso de las personas con enfermedades respiratorias en cabañas indígenas

NO TE OLVIDES
de las
ENFERMEDADES
OLVIDADAS
MOLINA 2015

distantes, y jugué al futbol con niños con barrigas hinchadas debido a la invasión de gusanos. Aquellas experiencias marcaron mi vocación científica.

Inicié mi carrera estudiando un parásito que migra por los pulmones y se instala en el hígado, causando una enfermedad conocida como esquistosomiasis. Este mal afecta a millones de personas y genera enormes pérdidas económicas y sanitarias. Más tarde, mi trayectoria me llevó al estudio de la malaria humana, en particular una variante poco atendida: la malaria *vivax*, predominante en América Latina y Asia.

La malaria *vivax* provoca millones de casos clínicos cada año, y, aún más preocupante, un número desconocido pero muy superior de infecciones silenciosas. Su capacidad para esconderse dentro del cuerpo humano ha dificultado los esfuerzos de eliminación. Continúo investigando los secretos que le permiten esconderse para desarrollar medidas que permitan eliminarla.

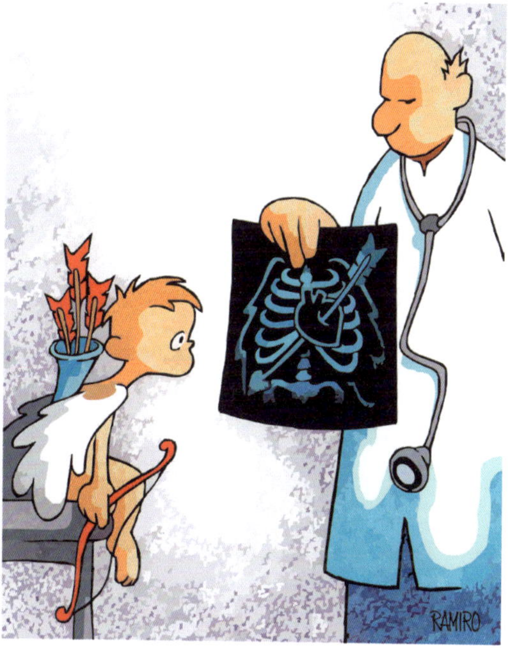
RAMIRO

Reconozco que el humor gráfico de Quino y Forges, referente para muchos de mi generación, siempre me ha recordado entre risas la posibilidad de un mundo más justo. Por eso, tener este libro en tus manos es un recordatorio de que existen poblaciones vulnerables cuyas enfermedades siguen siendo ignoradas. Gracias por no olvidarlas.

Lo más curativo es el amor, el humor y la creatividad.

Patch Adams
(Médico y payaso)

La risa más verdadera proviene de la desesperación.

Groucho Marx
(Cómico)

DOCTORA, TOSO BILLETES DE 50€
¿DE VERDAD?
NO, PERO AYUDA A QUE LAS FARMACÉUTICAS SE PREOCUPEN POR MI SALUD
RENÉ MERINO

Humor y compromiso

Manuel Á. Junco

La Revista del Frente Viñetista,
núm. 5, mayo de 2025

Las viñetas humorísticas son como los ajos: pequeñas, picantes y con un gran poder para provocar escozor, especialmente entre los poderosos, los arrogantes y los intolerantes. Un trazo y un chiste pueden más que un discurso de tres horas. Cada viñeta es un acto de resistencia, un susurro gritado, un pellizco a la indiferencia. Cuando todo el mundo calla, la viñeta habla. Cuando la censura aprieta, la viñeta se escabulle por el margen y deja caer una verdad incómoda... disfrazada de broma. ¿Libertad de expresión? ¡La que nos dejen! Ahí está el dibujante, plantando cara a censores con un lápiz en una mano y un café (o un whisky o ambos a la vez o mezclados) en la otra.

eneko.

El dibujante es ese ser raro que, en vez de huir de las causas perdidas, las abraza como si fueran su suegra: con resignación, cariño y algo de sarcasmo. Mientras el mundo mira para otro lado, la viñeta señala lo incómodo, lo injusto, lo que duele. Y busca una sonrisa, que es la forma más inteligente de decir: «Oye, esto está fatal, pero juntos podemos arreglarlo».

Y bueno, sí, ya. Que seguro que no conseguimos arreglar nada, pero por lo menos hay que intentarlo. Porque un buen humorista no solo hace reír, sino que elige de qué reírse (y contra quién). No es lo mismo ridiculizar al opresor que a la víctima. El humor puede ser un arma o un abrazo, y los dibujantes decentes lo saben: nuestra tinta no es neutra, es militante.

El humor es la mayor bendición de la humanidad.

Mark Twain
(Escritor)

OLVIDARSE DE LAS ENFERMEDADES
OLVIDADAS ES OLVIDARSE DE
QUE SOMOS HUMANOS Y
NOS NECESITAMOS LOS UNOS
A LOS OTROS PARA SOBREVIVIR
NO TE OLVIDES DE LAS ENFERMEDADES OLVIDADAS
JAVIRROYO

Es importante seguir haciéndose preguntas y mantener viva la curiosidad. Leonardo da Vinci afirmó que «los experimentos nunca fallan, tus expectativas, sí». No nos detuvimos ante el fracaso, sino que lo usamos para impulsarnos a pensar de forma crítica... Ya estamos investigando formas de prevenir el VIH, la malaria, de reducir el cáncer y tratar muchas otras enfermedades. Lo sabemos, los enfermos están esperando.

Katalin Karikó
(Premio Nobel de Fisiología o Medicina por su investigación clave para el desarrollo de las vacunas contra la COVID-19)

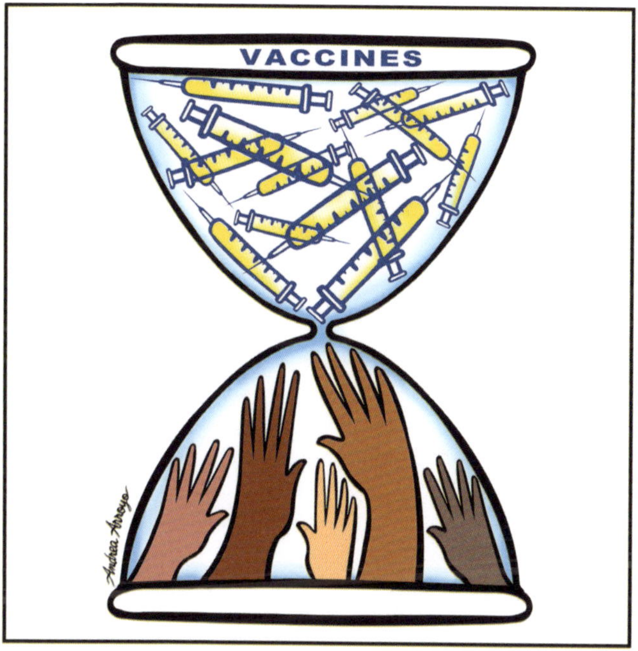
VACCINES
Andrea Arroyo

Cuando la vida es patrimonio de algunos

El Gran Wyoming

Escritor, actor y licenciado en medicina

Érase una vez un mundo donde la investigación no estaba al servicio de la Industria, sino de eso que llamamos «ser humano», y que debemos proteger por encima de todas las cosas.

Los inventores de la Religión (utilizo el singular porque me parecen todas «una» en cuanto a los fines que persiguen) siempre ponen al «ser humano» en primer término. Lo sitúan en el centro de la Creación, hacen de él el principal motivo de la ocurrencia del Ser Supremo. El Creador, una vez que colocó al «ser humano» en el mapa, le puso animalitos alrededor para que estuviera entretenido con los bellos trinos de las aves canoras y los gráciles movimientos de los puercos proveedores de aromáticas longanizas. En nuestra religión, la verdadera,

además, viendo que nada de esto le satisfacía del todo, y a falta de la inmersión hipnótica en las redes sociales, inexistentes en aquellos tiempos remotos, le puso al lado otro «ser humano» al que llamó mujer, para que echara el ratillo en las alegres tardes de primavera, y no se entregara en exceso a las ausencias consecuentes a la falta de estímulo y la molicie inveterada. Llegado a este punto, debo hacer un paréntesis necesario para entender lo tortuoso y sofisticado de este ser superior, al que por convenio todos llaman dios, que nunca tira por el camino recto, sino que, por ser poseedor de una mente perversa polimorfa, desarrolla extravagancias cuya loable intención se nos escapa al común de los mortales. Así, cuando decidió poner en el terreno de juego a la mujer, la moldeó a partir de una de las costillas del hombre, que extrajo aprovechando que se encontraba profundamente dormido, en lugar de coger cualquier asta de ciervo de las muchas que se desprenden durante el desmogue, o el hueso de una sepia o jibión, que al igual que los chicharros, también los da el mar.

Dio en moldear a la mujer, el creador de todas las cosas, con un orificio del que carecía el varón, y que formaba el conjunto

'INSERT COIN'
RIKI BLANCO

complementario de un apéndice al que Adán, que así se llamaba el gachó, no encontraba utilidad alguna salvo evitar la posición de cuclillas durante la micción.

Haremos un salto notable en el relato para destacar que, finalmente, los dos cuerpos se unieron en uno, del que salieron otros muchos sin necesidad de extirpar huesos ni procurar la ingesta de somníferos.

El uso reiterado de esa coyunda trajo como consecuencia la repoblación del planeta, a tal punto que se crearon distinciones entre unos y otros, y el diccionario adquirió dos nuevos términos con la intención de dejar las cosas claras: «ricos» y «pobres». Estos sustantivos pretendían aclarar la diferencia entre los que tenían cosas y los que miraban las cosas que tenían los primeros.

En este punto retomamos el párrafo con el que hemos iniciado la disertación, recordando que hubo un tiempo en el que los avances de la ciencia pasaban en un breve espacio de tiempo a ser patrimonio de la humanidad. Así, tras el descubrimiento de la penicilina, se salvaron millones de vidas, y lo mismo ocurrió con las vacunas de la viruela, polio, etc.

enfermedades olvidadas
...Y NO ES QUE YO TENGA EL CABELLO ENRULADO...
...ES QUE TENGO LA VIDA RETORCIDA
© SENDRA

Con el pretendido fin de incrementar la velocidad de las investigaciones, se llegó a convenir que sería beneficioso procurar un estímulo económico de agentes ajenos a la ciencia que insuflarían parné en los proyectos que intentaban luchar contra la legión de agentes patógenos que asolaban al «ser humano», objeto y fin de la Creación. Y sucedió que lo público cayó en manos de lo privado, como ocurre con la industria que fabrica los remedios que evitan las muertes de nuestros semejantes, y que patenta sus descubrimientos multiplicando con creces la cifra económica que recibe en relación con su contribución al invento, sin tener que cotizar por utilizar en el camino los descubrimientos que otros muchos aportaron a la solución final del remedio, sin los cuales nada de los nuevos hallazgos sería posible.

Entenderá el lector que, con respecto a los descubrimientos esenciales para combatir las epidemias, ese matiz en el cambio de la escala de valores que transforma un «patrimonio de la humanidad» en un «negocio», habría evitado la extinción de la enfermedad de la viruela, así como la desaparición de aquellas prótesis metálicas que llevaban los niños que habían sufrido la

SIENTO TENER QUE DECIRLE QUE PADECE USTED LO QUE LOS MÉDICOS LLAMAMOS UNA "ENFERMEDAD RARA", Y LAS FARMACÉUTICAS UNA "ENFERMEDAD POCO RENTABLE".
SINTES

polio, ya que solo habrían tenido acceso a las vacunas aquellas personas que pudieran permitírselo, convirtiendo al resto, «los pobres», en un inmenso depósito de enfermedad y muerte, así como en un reservorio acechante que saltaría en forma de pandemia al resto del orbe en la primera ocasión.

Así está el patio, y lo estará, mientras no tomemos conciencia de que algo de intervencionista debe ser el Estado en esta cuestión, y que el sistema que conocemos como «capitalista» debe sacar de su agenda de negociado la vida del «ser humano», esa que para los creyentes es la razón primera de la Creación.

La salvación de las almas, para aquel que la requiera, está en manos de expertos profesionales, pero la de los cuerpos, si se le pone un precio, tiende al infinito, pues todo «ser humano» estaría dispuesto a sacrificar su patrimonio para evitar la muerte, de ahí que tan colosal oportunidad de negocio sea vista como la panacea de la rentabilidad por los que dirigen nuestros destinos.

Recuperemos aquel patrimonio del que fuimos despojados cuando la ciencia estaba al servicio de la humanidad y no de la usura.

TURCIOS

Lunwerg es un sello editorial de Editorial Planeta, S. A.
Av. Diagonal, 662-664 - 08034 Barcelona
Calle Juan Ignacio Luca de Tena, 17 - 28027 Madrid
lunwerg@lunwerg.com
www.lunwerg.com
www.instagram.com/lunwerg
www.x.com/Lunwerglibros

ISGlobal: Rafael Vilasanjuan / Hernando A. del Portillo
Edición, selección y coordinación editorial: Fco. Javier Sancho Mas
Coordinación general y dirección creativa: Jorge Martínez

Certificado PEFC
Este libro procede de bosques gestionados de forma sostenible y fuentes controladas
PEFC
PEFC/14-38-00305
www.pefc.es

Primera edición: marzo de 2026
Depósito legal: B. 18.499-2025
ISBN: 978-84-08-31317-5
Printed in Spain - Impreso en España